Smita Srivastava
Fotografien von William Reavell

Fun Food mit Gemüse und Obst

Die kreativsten Rezepte für kindgerechte Snacks

riva

Inhalt

Fantasie anregen

Alles begann an einem strahlend sonnigen Tag. Wie gewöhnlich kam meine Kleine mit unberührter Lunchbox aus der Schule nach Hause. An diesem Abend wurde ihrem Abendbrotteller dasselbe Schicksal zuteil. Jeder Bissen erforderte endlose Überredungskünste und so führten wir täglich Kämpfe ums Essen. Schließlich hatte ich die Nase so voll, dass ich über neue Strategien nachzudenken begann, mit denen ich sie zum Essen bringen könnte. Irgendwann arrangierte ich das, was auf ihrem Teller lag, zu einem Augenpaar und einem Mund. Bald war das Zimmer von schallendem Gelächter erfüllt und die Mahlzeit, die sonst stundenlang auf dem Tisch stand, verschwand innerhalb von Minuten!

Wie von Zauberhand veränderten sich danach die Essgewohnheiten meiner Tochter. Diese neuen, kreativen Experimente brachten mich dazu, ganz normale Lebensmittel clever zu tarnen, und meine pingelige kleine Tochter kostete schon bald neue Obst- und Gemüsesorten. Das Mittagessen wurde zu einer fröhlichen Angelegenheit und meiner Tochter schmeckte es wieder. In der Schule drängten sich ihre Klassenkameraden sogar um ihr Pult und applaudierten, als sie ihre Lunchbox öffnete!

Mein Experiment war so erfolgreich, dass ich beschloss, es in einem eigenen Blog mit anderen verzweifelten Eltern zu teilen: in Little Food Junction. Innerhalb kürzester Zeit hatten meine Ideen nicht nur die Herzen von Familien auf der ganzen Welt erobert – die Erfolgsmeldungen schafften es sogar bis in die überregionalen Zeitungen. Viele Eltern schrieben, dass die unterhaltsamen Rezepte langweiligen Mahlzeiten neuen Zauber schenkten.

Dieses einfache Buch zeigt Ihnen, wie Sie die Mahlzeiten Ihres Kindes aufregender machen und es mit spannenden Geschichten auf seinem Teller überraschen können! Da die Vorschläge schwerpunktmäßig auf Obst und Gemüse bauen, sind sie einerseits gesund und optisch ansprechend, andererseits auch rasch nachzumachen. Auf diese Weise haben Sie dabei nicht nur Spaß, sondern gewinnen auch kostbare Zeit mit Ihrem Kind.

Einige Essenskreationen lassen sich in Frischhaltefolie einschlagen und in einer entsprechenden Dose mit in die Schule nehmen – sie sind deutlich mit einem Lunchbox-Symbol gekennzeichnet. Abgesehen davon können Sie die Vorschläge mit ein wenig Fantasie auch so verändern, dass sie sich besser zum Mitnehmen eignen.

Die Zutaten sind nahezu unbegrenzt austauschbar: Mag Ihr Kind keine Oliven, ersetzen Sie sie einfach durch dunkle Weintrauben. Sie können auch Radieschen oder Rettiche anstelle von Möhren verwenden oder Kiwis statt Gurken. Ich würde jedoch immer Vollkornbrot und qualitativ hochwertigen Käse empfehlen, dazu Produkte, die gerade Saison haben.

Sie brauchen hier zur Zubereitung auf keinen Fall spezielle Küchengeräte; ein Messer, ein paar Ausstechformen und ein Trinkhalm reichen völlig aus. Wenn Sie keine Ausstechformen haben, nehmen Sie einfach ein umgedrehtes Trinkglas. Und mit einem Cocktailspieß, Zahnstocher oder Fleischspieß lassen sich aus dünnen Käsescheiben im Handumdrehen verschiedenste Formen herausschneiden.

Werfen Sie Reste oder abgeschnittene Stücke auf keinen Fall weg: Gemüse lässt sich in Salaten, Suppen und Eintöpfen weiterverwerten, Obst in Smoothies und Brot in Form von Croûtons oder Semmelbröseln.

Nutzen Sie Ihre Fantasie und lassen Sie Ihr Kind helfen – und gewöhnen Sie sich an ein strahlendes Lächeln und leere Teller!

Spaß im Zoo

Fruchtiges Elefanten-Sandwich

Meine Tochter liebt es, Elefanten mit langen Rüsseln zu malen. Diese Sandwich-Kreation ist eine Verbeugung vor ihren Bildern (und eine hervorragende Möglichkeit, Obst in ihre Mahlzeiten zu schmuggeln).

Erdnussbutter

1 Scheibe Brot

1 dunkle Traube, quer halbiert

3 Kiwischeiben

1 Orangenscheibe mit Schale

1 Banane

Ausstechform (nicht größer als die Brotscheibe)

Messer

Brotscheibe gleichmäßig mit etwas Erdnussbutter bestreichen. Das Brot mithilfe des Ausstechers in eine runde Form bringen.

Die beiden Weintraubenhälften mit der Schnittfläche nach unten auf jeweils eine Kiwischeibe setzen. Als Augen auf das Brot legen.

Die Orangenscheibe in zwei Halbmonde schneiden. Als Ohren über der Brotscheibe anordnen. Die dritte Kiwischeibe ebenfalls halbieren und eine Hälfte mit der geraden Seite nach oben als Mund auf das Brot legen.

Für den Rüssel die Banane längs halbieren (falls sie zu lang ist, ein kleines Stück abschneiden). So auf dem Elefantengesicht platzieren, dass sich der Rüssel nach außen wegbiegt.

Freundlicher Löwe

Da meine Tochter schon immer von der gewaltigen Löwenmähne fasziniert war, habe ich bei diesem Food-Kunstwerk versucht, die fantastische Mähne zu betonen. Wenn Sie möchten, können Sie die Möhren durch in Streifen geschnittene gelbe Zucchini ersetzen.

1 Scheibe Käse

1 Scheibe Brot

1 große Möhre

1 kleine eingelegte Gewürzgurke

2 entsteinte schwarze Oliven

Runde glatte Ausstechform und runde gewellte Ausstechform (nicht größer als die Käse- bzw. Brotscheibe)

Gemüsereibe

Messer

Mit der gewellten Ausstechform einen Kreis aus der Käsescheibe herausschneiden. Das Brot mithilfe der glatten Ausstechform in eine runde Form bringen. Den Käse auf das Brot legen.

Die Möhre raspeln und rings um das runde Käsebrot legen. Längere Möhrenstreifen so einkürzen, dass alle Streifen ungefähr dieselbe Länge haben.

Von der Gewürzgurke vier dünne Scheiben abschneiden. Den Rest der Gurke längs in sechs schmale Streifen zerteilen. Die erste Olive quer, die zweite längs halbieren.

Eine Hälfte der längs halbierten Olive quer durchschneiden. Von einer Hälfte eine sichelförmige Scheibe als Maul abschneiden. Aus allen Oliven- und Gurkenstücken das Löwengesicht zusammensetzen, dabei die Ohren und Tatzen nicht vergessen.

Neugieriger Fuchs

Ein schlauer kleiner Fuchs, der sich zwischen den Büschen versteckt, ist der perfekte Ausgangspunkt für eine spannende Kindergeschichte. Jedes Mal, wenn ich meiner Tochter eine dieser Geschichten erzähle, spitzt sie ihre Lippen, um den Buchstaben »u« in dem Wort Fuchs auszusprechen und gleichzeitig seine lang gestreckte Schnauze zu imitieren.

1 Scheibe Käse

1 Schreibe Brot

2 gleich große Scheiben einer der Länge nach zerteilten Erdbeere

2 Gurkenscheiben

2 entsteinte schwarze Oliven

2 Zweiglein frischer Dill

1 gekräuseltes Salatblatt

1 Frühlingszwiebel, grüne Teile verwenden

ein paar blanchierte Erbsen

Runde Ausstechform

Messer

1

Den Käse aufs Brot legen. Die unteren beiden Ecken des Käsebrotes mithilfe des Ausstechers abschneiden. Die Erdbeerscheiben als Ohren auf die obere linke und rechte Seite der Brotscheibe setzen.

2

Die Gurkenscheiben als Augen verwenden. Olive quer halbieren. Jeweils eine Olivenhälfte mit der Schnittfläche nach unten so auf die beiden Gurkenscheiben setzen, dass der Blick nach links oben gerichtet ist.

3

Die noch übrige, ganze Olive als Nase quer auf die Brot-Schnauze legen. In die Löcher auf jeder Seite der Oliven-Nase waagrecht einen Dillzweig stecken und auf diese Weise fixieren.

4

Das Salatblatt in kleine Stücke reißen. Das Frühlingszwiebelgrün in 2 bis 3 längliche Stücke teilen und daraus mit Erbsen verzierte Bäumchen legen. Den Salat am unteren Tellerrand als Gras arrangieren.

Croissant-Krabbe

Als meine Tochter noch ein Hosenmatz war, fiel es ihr schwer, das Wort »Croissant« auszusprechen – beim Besuch in der Bäckerei wurde daraus regelmäßig »Krabbe«. Eines Tages beschloss ich, Augen und Scheren hinzuzufügen und die Krabbe so zum Leben zu erwecken.

4 Gurkenscheiben

1 geschwungenes Croissant

fein gehackter Schnittlauch

5 kleine Zweiglein frischer Dill

1 entsteinte schwarze Olive, der Länge nach halbiert

2 Radieschenscheiben

3 Möhrenscheiben

2 Kümmelsamen

Messer

Kleine runde Ausstechform

Aus zwei Gurkenscheiben jeweils einen Keil herausschneiden und die Scheiben an beiden Enden des Croissants platzieren. Den Dill als Seegras am unteren Tellerrand anordnen, darüber die Schnittlauchröllchen als Wasserblasen arrangieren.

Die beiden Olivenhälften mit der Schnittfläche nach unten auf jeweils eine Radieschenscheibe setzen und diese wiederum auf die beiden verbliebenen (ganzen) Gurkenscheiben legen. Die beiden Stapel als Augen auf der Croissant-Krabbe anbringen.

Mithilfe des Ausstechers aus einer Möhrenscheibe eine Mondsichel und einen Tropfen schneiden. Die Sichel als Mund auflegen.

Aus den beiden restlichen Möhrenscheiben jeweils einen Keil herausschneiden, um zwei Fische zu formen. Aus den Keilen werden die Schwänze. Die Fische oben rechts und links auf dem Teller anordnen und die Kümmelsamen als Augen verwenden.

Errötender Waschbär

Das erste Mal sahen wir einen Waschbären in unserem Zoo. Seitdem schwärmt meine Kleine von seiner Augenmaske, die sie scherzhaft »Waschbären-Brille« nennt. Dieses Waschbären-Sandwich ist nicht nur niedlich, sondern auch perfekt für Käsefans geeignet.

1 Scheibe Brot

1 Scheibe Käse

2 Radieschenscheiben

2 entsteinte schwarze Oliven

3 Gurkenscheiben

2 Tropfen Tomatensoße

1 Zweiglein Petersilie (mit Stängel)

Runde Ausstechform (nicht größer als die Brotscheibe)

Cocktailspieß oder Zahnstocher

Messer

Mit der Ausstechform Brot und Käse in eine runde Form bringen. Aus dem Käsekreis mithilfe von Cocktailspieß oder Zahnstocher eine gewellte Augenmaske herausschneiden und diese vorsichtig auf das Brot legen.

Olive längs halbieren und mit der Schnittfläche nach unten auf jeweils eine Radieschenscheibe legen. Olive quer halbieren und eine Hälfte als Nase einsetzen. Von der anderen ein sichelförmiges Scheibchen für den Mund abschneiden.

Eine Gurkenscheibe halbieren. Von jeder Hälfte die Spitze abschneiden und die Scheiben zu Ohren machen. Auf jede Wange einen Tropfen Tomatensoße geben.

Die übrig gebliebenen Gurkenstücke würfeln und zu einer Baumkrone anordnen. Aus dem Petersilienstängel wird der Baumstamm und aus den Petersilienblättchen das Gras.

Schlüpfrige Schlange

Auf der ganzen Welt lernen Kleinkinder, dass sich Schlangen wellenförmig vorwärtsbewegen. Meine Tochter ist verrückt nach Orangen, die sich super dazu eignen, um die Kriechbewegungen einer munteren Schlange nachzubauen. Um Abwechslung ins Spiel zu bringen, können Sie dafür aber auch Kiwis nehmen.

- 4–5 entsteinte schwarze Oliven
- 2 gleich große Scheiben einer quer aufgeschnittenen Erdbeere
- 4 Gurkenscheiben
- 4 Orangenscheiben mit Schale
- 1 dünner Streifen rote Paprikaschote
- 1 gekräuseltes Salatblatt, in Stücke gerissen

Messer

Sehr kleine runde Ausstechform

1

Eine Olive längs halbieren. Die beiden Hälften mit der Schnittfläche nach unten auf jeweils eine Erdbeerscheibe setzen und diese auf jeweils eine Gurkenscheibe legen. Diese Schlangenaugen auf einer Orangenscheibe anordnen.

2

Zwei Orangenscheiben halbieren, eine Orangenscheibe vierteln. 3 bis 4 Oliven in Scheiben schneiden und den Paprikastreifen zu einer oben gespaltenen Zunge zurechtschneiden. Eine Gurkenscheibe halbieren.

3

Ein Orangenviertel am »Gesicht« ansetzen und den Schlangenkörper aus vier Orangen-Halbmonden zusammensetzen. Den Abschluss bildet ein zweites Orangenviertel.

4

Den Salat am unteren Tellerrand anordnen. Zum Schluss ½ Gurkenscheibe als Mund auflegen, die Paprika-Zunge anbringen und den Körper mit Schuppen aus Olivenscheiben verzieren.

Märchenstunde

Froschkönig

Meine Tochter liebt dieses Märchen, ganz besonders die Szene, in der die Prinzessin den Frosch küsst und dieser sich in einen schmucken Prinzen verwandelt. Wenn ich dieses Fun Food für sie zubereite, isst sie zuerst die Kette und die Krone auf.

Das Brot mit der Ausstechform in eine runde Form bringen. Die Möhre in Julienne-Streifen schneiden. Als Haar um die Brotscheibe herumlegen.

Die beiden Olivenhälften auf jeweils eine Gurkenscheibe setzen – das sind die Augen. Aus der roten Paprikaschote einen Mund schneiden und auf jede Wange einen Tropfen Tomatensoße geben.

- 1 Scheibe Brot
- 1 Möhre
- 1 entsteinte schwarze Olive, der Länge nach halbiert
- 2 Gurkenscheiben
- 1 kleines Stück rote Paprikaschote
- 2 Tropfen Tomatensoße
- ¼ gelbe Paprikaschote
- 1 Kiwischeibe
- 8 blanchierte Maiskörner
- 1 dunkle Traube, quer halbiert
- Optional: Spinatblätter und Trauben für die Seerosen

Runde Ausstechform

Julienne-Schäler/-Reibe

Messer

Aus der gelben Paprikaschote ein kleines Rechteck schneiden. Für die Krone aus dem oberen Rand kleine Dreiecke herausschnitzen. Auf dieselbe Weise die Krone für den Frosch aus einem kleineren Paprika-Rechteck basteln.

Aus der Kiwischeibe einen großen Keil herausschneiden. Die beiden Teile der Kiwischeibe zusammen mit den Weintraubenhälften und der Krone zu einem Frosch anordnen.

Wer hängt der Katze die Schelle um?

Die essbare Version dieser Fabel füllt mein Haus mit jeder Menge Gelächter und Gekicher. Bezüglich der Frage, welche von den Mäusen der gefräßigen Katze die Schelle umhängen soll, sagt meine Kleine: »Ich kenne die einfachste Lösung für das Problem« und isst ganz schnell das Katzen-Croissant auf!

1 geschwungenes Croissant

4 Gurkenscheiben

2 entsteinte schwarze Oliven, der Länge nach halbiert

2 große Möhrenscheiben, in Halbmonde geschnitten

4 Schnittlauchstängel

½ Radieschen

1 winzige Scheibe Käse

Messer

Optional: Trinkhalm zum Ausstechen

1

Das Croissant mit den gebogenen Spitzen nach oben hinlegen. Aus zwei Gurkenscheiben jeweils einen großen Keil herausschneiden und als Ohren auf die Spitzen legen. Aus einer Olivenhälfte vier halbkreisförmige Scheiben herausschneiden.

2

Auf die beiden noch vollständigen Gurkenscheiben jeweils einen Möhrenhalbmond und als Augen jeweils eine halbierte Olive setzen. Die zweite Olivenhälfte bildet die Nase und zwei Olivenscheibchen dienen als Mund.

3

Drei Schnittlauchstängel waagrecht durch die Löcher der Oliven-Nase stecken und dadurch fixieren. Das halbe Radieschen so zuschneiden, dass es wie eine Schelle aussieht. Das noch übrige Olivenviertel unter die Schelle legen.

4

Aus zwei Möhrenhalbmonden und zwei Olivenscheibchen zwei Mäuse formen, Schwänze und Beinchen bestehen aus Schnittlauch. Mithilfe des Trinkhalms aus dem Käse vier Kreise für die Katzen- und Mäuseaugen ausstechen.

Däumlingssnack

Kinder lieben witzige kleine Häppchen und diese Cracker sind der perfekte Vorwand für einen schnellen Imbiss zwischendurch. Wenn Sie den Snack für die Lunchbox oder eine Party zubereiten wollen, nehmen Sie als »essbaren Klebstoff« zusätzlich etwas Erdnussbutter oder Mayonnaise.

- 2 Scheiben Käse
- 2 Cracker
- 1 Gurkenscheibe, zu Halbmonden geschnitten
- 1 sehr kleine Tomatenscheibe (fest und am besten ohne Kernchen), halbiert
- 6 blanchierte Erbsen
- 1 kleiner Stängel Petersilie
- Kümmelsamen

Blütenförmige Ausstechform (nicht größer als der Käse oder die Cracker)

Messer

Die Käsescheiben mithilfe des Ausstechers zu zwei Blüten schneiden. (Käsereste aufheben, klein schneiden und über eine Suppe streuen.)

Die Käseblüten auf die Cracker legen. (Wenn Sie den Snack transportieren möchten, verwenden Sie Erdnussbutter oder Mayonnaise für bessere Haftung.)

Die beiden Gurkenhalbmonde auf eine Käsescheibe legen und die beiden Hälften der Tomatenscheibe bündig auf die Gurken platzieren.

Auf der zweiten Käsescheibe die Erbsen in Form eines Dreiecks anordnen und mit Petersilienblättchen garnieren. Die Kümmelsamen in Form eines Halbkreises auf den Tomaten anordnen.

Rapunzel-Mittagessen

Dieses Mittagessen fasziniert meine Tochter, die lange Haare über alles liebt. Um Rapunzel einen modernen Look zu geben, greife ich oft zu Spaghetti mit Tomaten- und Spinatgeschmack.

- 1 Portion gekochte Vollkorn-Spaghetti
- 1 Schale dickflüssige Tomatensuppe
- 5 Scheiben blanchierter Babymais
- 5 Petersilienstängel
- 1 Scheibe Toast
- 1 entsteinte schwarze Olive, der Länge nach halbiert
- 2 Radieschenscheiben
- 2 Möhrenscheiben
- 1 kleines Stück rote Paprikaschote
- 1 gekräuseltes Salatblatt

Sehr kleine runde Ausstechform

Messer

Die Spaghetti als Haare oben und seitlich um die Suppenschale drapieren. Den Babymais und die Petersilienstängel am unteren Tellerrand zu Blumen arrangieren.

Mithilfe der Ausstechform zwei Kreise aus dem Toast herausschneiden. Jeweils eine Olivenhälfte als Auge auf die beiden Brotkreise setzen.

Möhrenscheibe mit dem Ausstecher in eine Mondsichel und einen Tropfen zerteilen. Die Sichel als Mund verwenden und aus der Paprikaschote zwei Dreiecke schneiden – daraus wird die Haarschleife.

Schleife aufs Haar platzieren und aus dem Salat ein Kleidchen formen. Zum Schluss das Gesicht auf die Suppe legen, die beiden Radieschenscheiben nicht vergessen.

Pinocchio

Pinocchios unaufhörlich wachsende Nase ist so eine süße Geschichte. Meine Tochter isst die Nase aus Mais auf, dann dreht sie Pinocchios Mund nach unten und sagt: »Er ist traurig, weil er ohne Nase keine Lügen mehr erzählen kann.«

1 Scheibe Käse

1 Scheibe Brot

1 kleine Gurke

1 entsteinte schwarze Olive, quer halbiert

1 Kirschtomate, halbiert

1 gekräuseltes Salatblatt

1 Radieschenscheibe

1 kleines Stück gelbe Paprikaschote

3 blanchierte Erbsen

1 blanchierter Baby-Maiskolben

2 Petersilienstängel

Runde glatte Ausstechform (nicht größer als die Käse- bzw. Brotscheibe)

Messer

Sehr kleine runde Ausstechform

Den Käse auf das Brot legen. Mit der größeren Ausstechform Brot und Käse in einem Arbeitsgang zu einem Kreis schneiden. Mit dem kleineren Ausstecher aus der Mitte ein Loch für die Nase herausstanzen.

Die Gurke quer halbieren. Von einer Hälfte zwei Scheiben abschneiden und diese mit jeweils einer Olivenhälfte belegen – daraus werden die Augen. Für die Arme die andere Gurkenhälfte der Länge nach vierteln.

Augen, Tomaten-Bäckchen und Salat-Haare auf bzw. um das Gesicht legen. Für den Mund eine Radieschenscheibe halbieren. Das Paprikastück in zwei gleich große Dreiecke schneiden.

Unter dem Gesicht die Paprika-Dreiecke zu einer Fliege und die Erbsen zu Knöpfen drapieren. Die Gurken-Arme und die Mais-Nase anbringen. Die Petersilienstängel als Marionettenfäden von den Armen nach oben führen.

Die drei kleinen Schweinchen

Wenn ich sage: »Drei kleine Schweinchen – hier kommt Nandika das Wölfchen«, stößt meine Tochter Nandika ein schauriges lautes Geheul aus und fängt an, die Orangen-Schweinchen aufzuessen.

1 kleine Gurke

3 Orangenscheiben mit Schale (am besten in verschiedenen Größen)

6 blanchierte Erbsen

3 dunkle Trauben, quer halbiert

3 Rote-Bete-Sprossen

5 Babyspinatblätter

4 Schnittlauchstängel

Messer

Von der Gurke sechs Scheiben abschneiden – eine Scheibe sollte größer sein als die anderen, um daraus ein größeres Ohrenpaar zu formen. Diese größere Scheibe und zwei weitere zu Halbkreisen schneiden.

Auf jede Orangenscheibe eine kleine Gurkenscheibe setzen. Drei Erbsen halbieren und jeweils zwei Hälften mit der Schnittfläche nach unten als Nasenlöcher auf die Gurken-Schnauzen legen.

Die drei Orangenscheiben rechts und links mit Ohren versehen, die aus jeweils zwei Gurken-Halbmonden bestehen.

Auf jedes Schweinchen zwei Traubenhälften mit der Schnittfläche nach unten legen – daraus werden die Augen. Jedes Schweinchen mit einem Sprossen-Schwanz versehen. Die Szene mit Bäumchen aus Spinatblättern und Schnittlauchstängeln schmücken.

Ferienglück

Vitaminreiches Osterküken

Dieser frische, leuchtend bunte Salat gibt den Osterferien das gewisse Etwas. Meine Kleine hebt sich das Küken gern bis zum Schluss auf und vertilgt die Brokkoli-Bäumchen und die knackige Sonne zuerst.

- 2 große EL blanchierte Maiskörner
- 3 Möhrenscheiben
- 1 Streifen rote Paprikaschote
- 1 entsteinte schwarze Olive, quer halbiert
- 1 Erdbeere, der Länge nach halbiert
- 4 Brokkoli-Röschen, gedämpft

Runde Ausstechform

Messer

1

Die Ausstechform auf den Servierteller legen und die Maiskörner säuberlich hineinschichten, dabei 13 Körner beiseitelegen. Dann vorsichtig die Ausstechform entfernen und darauf achten, dass der Mais-Kreis erhalten bleibt.

2

Zwei Möhrenscheiben nehmen und aus jeder Scheibe zwei Keile herausschneiden. Die Möhren-Füße unter das Mais-Küken platzieren. Die beiseitegelegten Maiskörner als Sonnenstrahlen rings um die letzte Möhrenscheibe drapieren.

3

Aus dem Paprika-Streifen ein Dreieck für den Schnabel schneiden. Mit der Spitze nach unten auf das Mais-Küken legen. Für die Augen die beiden Olivenhälften mit der Schnittfläche nach unten über dem Schnabel anordnen.

4

Aus dem unteren, breiteren Teil der halbierten Erdbeere zwei Keile herausschneiden. Dem Küken die Erdbeere als roten Kamm aufsetzen. Auf jeder Seite des Piepmatzes Brokkoli zu Bäumchen arrangieren.

Fruchtige Halloween-Augäpfel

Anstatt meine Tochter und ihre Freunde an Halloween mit zuckerüberfrachteten Süßigkeiten abzufüttern, führe ich sie lieber mit leckeren, fruchtig-knackigen und gesunden »Augäpfeln« in Versuchung, bevor sie zu ihrer Süßes-oder-Saures-Tour aufbrechen.

1 kleiner roter Apfel

1 Schale kaltes Wasser mit ½ TL Zitronensaft

1 Erdbeere

2 Kiwischeiben

1 dunkle Weintraube, quer halbiert

Optional: 1 Traube und 1 Petersilienstängel als »Spinne«

Apfelausstecher

Messer

1

Den Apfel vom Kerngehäuse befreien. Quer durchschneiden (die beiden Hälften müssen nicht gleich groß sein) und die Schnittflächen in das Zitronenwasser tauchen, damit sie nicht braun werden.

2

Erdbeere quer halbieren und zwei Scheiben abschneiden. Den Rest der Frucht in zehn dünne Streifen zerteilen. Ihre Länge sollte in etwa dem Durchmesser der Scheiben entsprechen.

3

Damit die Apfelhälften einen sicheren Stand haben, bei Bedarf die Enden abschneiden. Auf die oberen Schnittflächen jeweils eine Kiwischeibe legen.

4

Auf die Kiwischeiben jeweils eine Erdbeerscheibe und eine Weintraubenhälfte setzen. Pro Auge fünf Erdbeerstreifen an den Rand der Apfelschnittkante legen. Den Petersilienstängel in acht Teile schneiden und als Spinnenbeine in die Weintraube stecken.

Grinsende Kürbisfratze

Es macht Spaß, dieses Sandwich zuzubereiten. Ich schneide immer alle Zutaten dafür klein, lege sie auf einem Teller bereit und lasse dann meine Tochter die Fratze zusammensetzen. Sie ist ganz wild darauf! Wenn Sie möchten, können Sie das Brot auch mit Erdnussbutter oder Ähnlichem bestreichen, bevor Sie die Möhren darauf anordnen.

1 Scheibe Brot

½ Möhre

1 Scheibe Rote Bete, gedämpft

2 grüne Weintrauben, der Länge nach halbiert

Optional: 2 »Spinnen« aus jeweils 1 dunklen Weintraubenhälfte und Petersilienstängeln

Runde Ausstechform

Messer

Das Brot mit dem Ausstecher in eine runde Form bringen. Ungefähr zehn Scheiben von der Möhre abschneiden und fein säuberlich auf der Brotscheibe verteilen.

Die Rote-Bete-Scheibe in zwei Halbkreise teilen. Für den Mund aus einem Halbkreis zwei Keile herausschneiden und ihn auf das Möhren-Gesicht legen.

Aus dem anderen Rote-Bete-Halbkreis zwei gleiche Dreiecke schneiden und diese über dem Mund als Augen anordnen.

Die grünen Weintrauben über der Kürbisfratze als Stiel dekorieren.

Erntedank-Truthahn

Die aufgespießten Trauben-Federn dieses Erntedank-Truthahns sind genial. Wenn Sie diese Kreation auf einen Plastikteller oder -deckel legen und vorsichtig in Frischhaltefolie wickeln, lässt sich das Kunstwerk gut in einer Lunchbox mitnehmen. Notfalls kann man die Traubenspieße auch unterwegs essen!

- 1 Scheibe Brot
- Erdnussbutter
- 7 dunkle Trauben
- 9 grüne Trauben
- 1 dicke Apfelscheibe, in eine Schale kaltes Wasser mit ½ TL Zitronensaft getaucht
- 1 kleine Orangenscheibe
- 1 Erdbeere, der Länge nach halbiert
- 2–3 Zweiglein Petersilie mit Stängel

Runde Ausstechform

Messer

5 Cocktailspieße/Zahnstocher

Das Brot mit dem Ausstecher in eine runde Form bringen und die abgeschnittenen Stücke aufheben. Ein wenig Erdnussbutter auf das Brot streichen. Eine dunkle Traube quer halbieren und beiseitestellen.

Auf jeden Cocktailspieß/Zahnstocher drei Trauben spießen, dabei jeweils am unteren Ende ein wenig Platz lassen. Die Spieße fächerförmig nebeneinander in den Rand der Apfelscheibe stecken.

Die Apfelscheibe auf das Brot legen, nicht genau in die Mitte, sondern ein wenig nach oben verschoben. Nun die Orangenscheibe darauflegen und zum Schluss aus den beiden beiseitegestellten Traubenhälften die Augen basteln.

Die Erdbeerhälfte in drei Keile zerteilen und den schönsten als Schnabel einsetzen. Aus den Brotresten zwei Würfel schneiden und daraus die Füße machen. Das Kunstwerk mit Petersilien-Bäumchen verschönern.

Nikolaus-Sandwich

Weihnachten ohne Nikolaus ist kein Weihnachten – und bald wird es Ihnen mit dem Nikolaus-Sandwich ebenso ergehen! Da meine Kleine ganz wild auf Kirschtomaten ist, habe ich mir dieses Arrangement ausgedacht, um das Beste aus diesen weihnachtlichen roten Köstlichkeiten herauszuholen.

1–2 Scheiben Käse

1 Scheibe Brot

1 entsteinte schwarze Olive, quer halbiert

4 Kirschtomaten, halbiert

3 Gurkenscheiben, in Halbmonde geschnitten

1 Frühlingszwiebel, grüne Teile verwenden

Optional: 2 Sterne aus roter Paprikaschote

Messer

Eine blütenförmige und eine runde Ausstechform (nicht größer als die Brot- bzw. Käsescheibe)

Trinkhalm zum Ausstechen

Eine Käsescheibe mit dem blütenförmigen Ausstecher in Form bringen. Nun mit dem runden Ausstecher davon den Bart abstechen. Das Brot mit dem runden Ausstecher zu einem Kreis schneiden.

Den Käse-Bart auf den unteren Teil der runden Brotscheibe platzieren. Von einer Olivenhälfte ein Scheibchen abschneiden und daraus den Mund basteln. Die beiden Olivenhälften als Augen darüber anordnen.

Eine Tomatenhälfte als Nase auf das Gesicht legen. Die restlichen halbierten Tomaten mit der Schnittfläche nach oben zur Nikolausmütze anordnen. Die halbierten Gurkenscheiben zu einem Weihnachtsbaum anordnen.

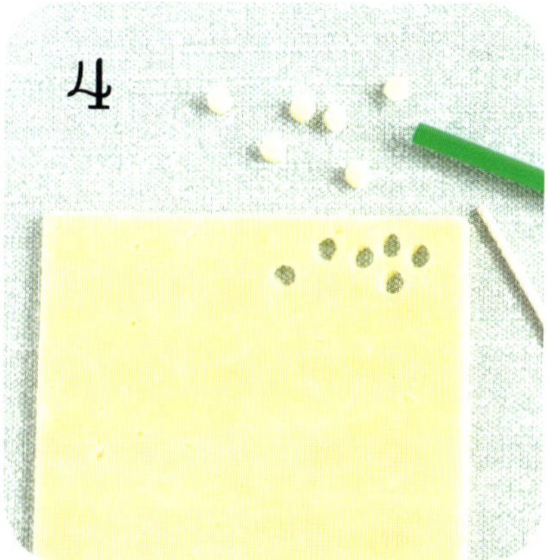

Mit dem Trinkhalm winzige Kreise aus dem restlichen Käse stechen – das werden die Schneeflocken. Der untere Rand der Nikolausmütze wird ebenfalls aus einem Käsestreifen geformt. Den Weihnachtsbaum mithilfe des Frühlingszwiebelgrüns fertigstellen.

Tropischer Weihnachtsbaum

Das war meine Art, meiner Tochter für die Weihnachtskarte zu danken, die sie mir aus grünen Halbkreisen und roten Pailletten gebastelt hatte. Sie können daraus auch eine Gemüse-Variante zaubern, indem Sie die Kiwi durch Gurkenhälften ersetzen und den Stern aus roter Paprika formen.

4 Kiwischeiben

1 Erdbeere, der Länge nach halbiert

8 Granatapfelkerne

2 Bananenscheiben, in eine Schale kaltes Wasser mit ½ TL Zitronensaft getaucht

2 grüne Weintrauben, der Länge nach halbiert

Messer

Sehr kleine sternförmige Ausstechform

1

Die Kiwischeiben halbieren und die Bananenscheiben ebenfalls in Halbmonde teilen.

2

Die Kiwi-Halbmonde in zwei Säulen so anordnen, dass sie wie ein Weihnachtsbaum aussehen.

3

Mithilfe des Ausstechers einen kleinen Stern aus der Erdbeere stanzen.

4

Die Granatapfelkerne auf die äußeren Spitzen der Kiwi-Halbmonde legen und den Baum mit dem Erdbeer-Stern krönen. Die halbierten Trauben am Stamm entlang anordnen und aus drei Bananen-Halbmonden einen Ständer für das Bäumchen basteln.

Natur pur

Gekringelte Raupe

Ich serviere Nandika ihre Lieblingsspiegeleier gewöhnlich mit viel Salat. Und eines Tages, als wir gerade aus dem Garten kamen, schafften es die Raupen, die wir dort bewundert hatten, bis auf unsere Teller – eine naheliegende Idee, nicht wahr?

- 1 Tropfen Pflanzenöl
- 1 Ring rote Paprikaschote
- 1 Ei
- 1 entsteinte schwarze Olive, der Länge nach halbiert
- 9 Gurkenscheiben
- 2 Brechbohnen, gegart
- Tomatenketchup
- 1 gekräuseltes Salatblatt, in kleine Stücke gerissen

Bratpfanne

Pfannenwender/Spatel

Messer

In der Bratpfanne einen Tropfen Öl erhitzen. Den Paprika-Ring in die Pfanne geben und vorsichtig ein Ei hineingleiten lassen. Das Spiegelei braten, bis es so fest ist, wie Ihr Kind es gern mag.

Das Ei im Paprika-Ring vorsichtig mithilfe eines Pfannenwenders/Spatels auf einen Teller gleiten lassen. Von einer Olivenhälfte ein sichelförmiges Scheibchen abschneiden und beiseitelegen. Die beiden Olivenhälften als Augen verwenden.

Eine Gurkenscheibe so zurechtschneiden, dass sie sich nahtlos an den Paprika-Ring anfügt. Die restlichen Scheiben überlappend anordnen – sie bilden den Körper der Raupe.

Das beiseitegelegte Olivenscheibchen als Mund auf das Eigelb legen. Aus den Bohnen die Fühler basteln. Auf jede Wange einen Tropfen Tomatenketchup geben und den Salat am unteren Tellerrand arrangieren.

Hallo Vögelchen

Meine Tochter ist ganz vernarrt in den Nistkasten, den wir vor einiger Zeit zusammengebaut haben. Während das Original auf einer Stange im Garten steht, schafft es diese essbare Variante oft in das kleine Bäuchlein meiner Tochter.

1 Scheibe Brot

1 entsteinte schwarze Olive, quer halbiert

1 Scheibe Käse

12 blanchierte Maiskörner

2 Möhrenscheiben

1 kleine Gurke, mit einem Gemüseschäler oder -hobel in 5 Streifen geschnitten

1 gekräuseltes Salatblatt, in kleine Stücke gerissen

2 Kümmelsamen

Messer

Trinkhalm zum Ausstechen

Die Rinde vom Brot abschneiden und beiseitelegen. Eine Olivenhälfte in vier sichelförmige Scheibchen schneiden und daraus zwei fliegende Vögel basteln.

Die Käsescheibe auf das Brot legen. Oben rechts und links die beiden Ecken abschneiden, um ein Dach zu formen. Mit dem Trinkhalm zwei winzige Kreise aus den Käseresten herausstanzen, außerdem ein sehr kleines Käse-Dreieck zuschneiden.

Die beiseitegelegte Brotrinde so zurechtschneiden, dass sich daraus der Dachabschluss, die Basis des Nistkastens und eine Stange bilden lassen. Aus einer Möhrenscheibe und darum herumgelegten Maiskörnern eine Sonne basteln.

Den Salat als Gras und die Gurken als Pflanzen anordnen. Eine Möhrenscheibe in die Mitte des Nistkastens legen und eine halbierte Olive daraufsetzen. Aus den Käse-Kreisen und dem Käse-Dreieck ein Gesicht basteln und aus den Samen die Pupillen.

Sonniger Tag

Eine hell strahlende Sonne und bauschige Wattewölkchen gehören zu den Dingen, die ich an einem wunderschönen Sonnentag gern auf dem Teller nachbaue. Das Erste, was meine Kleine vom Teller klaubt, sind die saftigen runden Bäckchen der Sonne.

- 1 Scheibe Brot
- 1 Möhre
- 1–2 Scheiben Käse
- 1–2 entsteinte schwarze Oliven, der Länge nach halbiert
- 1 Kirschtomate, halbiert
- 1 winzige Scheibe Babymais, blanchiert
- Tomatensoße
- 2 winzige Stücke von einem Petersilienstängel

Runde Ausstechform

Messer

Kleine runde Ausstechform

1

Das Brot mit dem großen Ausstecher in eine runde Form bringen. Von der Möhre zehn Scheiben abschneiden. Acht Scheiben in Halbkreise teilen und 15 davon als Strahlenkranz rings um die Brot-Sonne legen.

2

Mithilfe der kleinen Ausstechform 16 Kreise aus dem Käse stanzen. 14 davon in Gruppen zu Wolken zusammenfügen. Aus einem Möhren-Halbmond ein winziges Dreieck herausschneiden und aus einer Olivenhälfte zwei ebenfalls winzige Stückchen.

3

Die Augen der Sonne aus zwei Möhrenscheiben und zwei Olivenhälften basteln. Mit dem kleinen Ausstecher aus zwei aufeinandergelegten Käsescheiben zwei Tropfen und zwei Sicheln herausstanzen.

4

Mit Tomaten-Bäckchen, einer Mais-Nase und einem Mund aus Tomatensoße versehen. Aus einem Käse-Tropfen und zwei Käse-Sicheln einen Vogel basteln. Als Schnabel dient das Möhren-Dreieck, als Augen Olivenstückchen und als Füße Petersilienstängel.

Blumengarten

Das ist die essbare Nachbildung einer Karte, die meine Tochter und ich gemeinsam gebastelt haben, um ihren Großeltern einen schönen Frühling zu wünschen. Und nichts erinnert stärker an den Frühling als Blumen in voller Blüte – diese hier kann man sogar essen!

- 1 Orangenscheibe mit Schale
- Etwa 10 Blaubeeren
- 1 kleine Möhrenscheibe
- 4–5 Erdbeeren
- 6 winzige Stücke von einem Petersilienstängel
- 2 Brechbohnen, gegart und in 4 unterschiedlich lange Stücke geteilt
- 2 grüne Weintrauben, der Länge nach halbiert

Messer

Auf der Orangenscheibe sieben Blaubeeren anordnen. Die Möhrenscheibe in gleich große Streifen schneiden, die ebenso lang wie die Erdbeeren sind.

Aus den Erdbeeren in Längsrichtung neun etwa gleich große Scheiben herausschneiden. Als Blütenblätter rings um die Orange drapieren. Von einer Erdbeere drei runde Scheiben abschneiden.

Auf jedes Erdbeer-Blütenblatt einen Möhrenstreifen legen. Von einer Erdbeere das spitze Ende abschneiden und daraus einen kleinen Käfer mit Petersilienstängel-Beinchen basteln.

Auf jede Erdbeerscheibe eine Blaubeere legen. Die Bohnen als Blütenstängel einsetzen und die Blätter aus halbierten oder geviertelten Trauben herstellen.

Nachteule

Wir hatten früher einen großen Baum direkt neben unserem alten Haus. Oft saß meine Tochter spätabends vor dem Fenster gegenüber dem Baum und versuchte, einen Blick auf die Eule zu erhaschen, deren Rufe die ganze Nacht lang ertönten.

- 2 Orangenscheiben mit Schale, 1 davon ein wenig kleiner als die andere
- ¼ Gurke
- 2–3 entsteinte schwarze Oliven, quer halbiert
- 2 Erdbeerscheiben, in Querrichtung abgeschnitten
- 1 Kiwischeibe, der Länge nach halbiert
- 4–5 grüne Weintrauben, der Länge nach halbiert

Messer

Sehr kleine runde Ausstechform

1

Die kleinere Orangenscheibe ein wenig überlappend auf die größere legen, um den Körper der Eule zu bauen. Von der Gurke eine Scheibe abschneiden. Mit dem Ausstecher davon eine Mondsichel abstechen.

2

Zwei weitere Gurkenscheiben als Augen abschneiden. Aus dem verbleibenden Gurkenstück ein Dreieck und sechs kürzere Streifen unterschiedlicher Länge herausarbeiten – daraus entstehen der Schnabel und die Federn am Kopf.

3

Die beiden Erdbeerscheiben auf die beiden Gurkenscheiben legen und die Eulenaugen mit jeweils ½ Olive (Schnittfläche nach unten) krönen. Die Augen auf die kleinere Orangenscheibe platzieren.

4

Die Eule mit Schnabel, Federn und Kiwi-Flügeln ausstatten. Die restlichen Olivenhälften in sichelförmige Streifen schneiden und damit den Bauch und die Füße gestalten. Der Zweig, auf dem die Eule sitzt, entsteht aus halbierten und geviertelten Weintrauben.

Partyzeit

Blüten-Lollis

Da für Kinder offenbar jedes Lebensmittel »mit Stiel« attraktiv ist, habe ich diese gesunden »Lollis« für ein Frühlingsfest bei uns zu Hause zubereitet. Sie waren das Erste, was die Kinder aufgegessen hatten.

1–2 große Scheiben Wassermelone

3–4 kleine dunkle Trauben

ein paar grüne Weintrauben

1 gekräuseltes Salatblatt

Blütenförmige Ausstechform

Sehr kleine runde Ausstechform

3–4 lange Spieße

1 kleines Gefäß oder Glas, in das man die Blüten-Lollis stecken kann

Die Wassermelone von den schwarzen Kernen befreien, wenn notwendig. Mithilfe der blütenförmigen Ausstechform so viele Blüten wie möglich (oder benötigt) aus der Wassermelone herausschneiden.

Mit dem kleinen Ausstecher ein Loch in die Mitte jeder Blüte stanzen.

Eine dunkle Traube in jedes Loch setzen. Die Spieße vom Rand bis weit über die Mitte der Blüten hinaus vorschieben, dabei die Traube mit aufspießen. Darauf achten, dass der Spieß nicht oben aus der Blüte herauskommt.

Die grünen Trauben als Blütenstiele auf die Spieße schieben. Die spitzen Enden der Spieße entfernen, bevor sie die Kinder in die Hand bekommen. Die Blüten-Lollis in ein mit Salat gefülltes Gefäß stecken.

Party-Pfau

Meine Tochter ist ganz versessen auf Pfauen – sie hat sogar ein paar Pfauenfedern in ihrem Zimmer. Wenn ihre Freunde zum Spielen vorbeikommen und ich ihnen einen Snack anbieten möchte, greife ich sehr gern zu diesem Party-Pfau!

½ Apfel, in eine Schüssel mit kaltem Wasser und ½ TL Zitronensaft getaucht

5 Kiwischeiben

2 Schokoladenstückchen

2 kleine Kekse

1 kleine Handvoll Rucolablätter

Messer

Trinkhalm zum Ausstechen

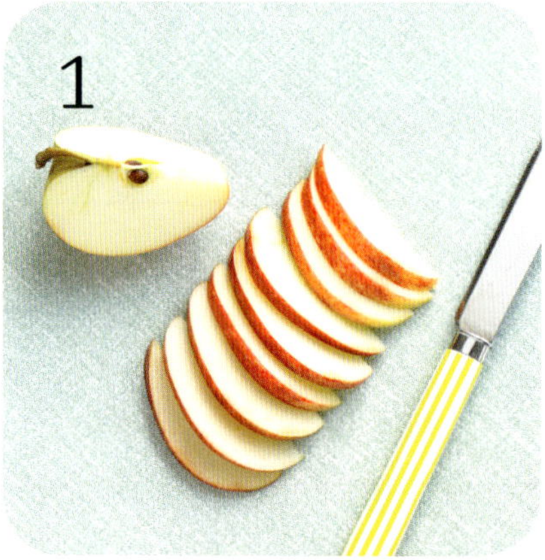

Die Apfelhälfte in zwei Viertel schneiden und einen davon beiseitestellen. Das andere Viertel von den Kernen befreien und in neun dünne Scheiben schneiden. Damit sie nicht braun werden, die Scheiben in das Zitronenwasser tauchen.

Die Kiwischeiben zu Halbmonden schneiden. Aus dem noch übrigen Apfelviertel mit dem Trinkhalm zwei winzige Kreise für die Augen ausstechen. Auf jedes Auge ein Schokoladenstückchen setzen.

Die Kekse übereinander auf einen Teller legen und die Apfelscheiben fächerförmig um den oberen Keks anordnen. Die halbierten Kiwischeiben auf die Apfelscheiben platzieren.

Für den Schnabel, die Kopffedern und die Beine ein Dreieck und vier Streifen aus dem Apfel herausschneiden. Den Pfau mit Augen versehen und zum Schluss die Rucolablätter als Gras unten auf dem Teller anordnen.

Piratenboote

Diese kleinen Appetithappen waren der Hit auf einer Kinderparty. Ich hatte ausgehöhlte Tomatenhälften, 3 verschiedene Füllungen und Segel aus Paprikaschoten auf einer großen Servierplatte bereitgelegt. Die Kinder durften mitmachen und sich ein Boot ganz nach ihrem Geschmack basteln.

2 feste Tomaten

Füllungen nach Wunsch, z.B. Kräuterfrischkäse, Krautsalat, Kresse, Mayonnaise mit Ei

3 mittelgroße Stücke gelber und grüner Paprikaschoten

Geraspelter Rotkohl

1 dicke Gurkenscheibe, halbiert

Messer

Löffel

3 Cocktailspieße/Zahnstocher

2 Miniaturflaggen

Die Tomaten halbieren und sorgfältig aushöhlen (Kerne entfernen).

Die Füllungen Ihrer Wahl in die Tomatenhälften geben.

Aus den Paprikastücken drei Dreiecke herausschneiden. Von unten nach oben jeweils einen Spieß in jedes Dreieck stecken und die »Segel« aufrecht auf die Boote setzen (der Spieß geht durch die Füllung bis ganz nach unten durch).

Einen Teller mit geraspeltem Rotkohl füllen und die Boote in dieses »Meer« setzen. Die Miniaturflaggen in die Schnittflächen der beiden Gurkenhälften stecken. Die so gebastelten kleinen Boote aufrecht hinstellen.

Fischiger Spaß

Bei der letzten Sommerferien-Party lautete das Motto »Auf zum Fischen«. Beim Spielen ging es darum, aus einem großen Wasserbehälter künstliche Fische zu angeln. Bei dieser Gelegenheit servierte ich diese niedlichen Sandwiches, da sie sich schnell zubereiten lassen.

2 Scheiben Brot

2 Scheiben Käse

1 entsteinte schwarze Olive, quer halbiert

5 Gurkenscheiben

2 Möhrenscheiben, in Halbkreise geschnitten

Tomatensoße

Fein geschnittene Frühlingszwiebel

Runde Ausstechform (nicht größer als die Brot- bzw. Käsescheibe)

Messer

Die beiden Brotscheiben mit dem Ausstecher in eine runde Form bringen. Anschließend aus den Käsescheiben zwei ebenso große Kreise ausstanzen.

Die Käsescheiben auf die Brotscheiben legen.

Von einer Olivenhälfte ein Scheibchen abschneiden, halbieren und als Mund verwenden. Für die Augen zwei Gurkenscheiben mit jeweils einer Olivenhälfte krönen. Für die Schuppen drei Gurkenscheiben in Halbmonde zerteilen.

Jede Brotscheibe mit drei Gurken-Halbmonden (Schuppen) und zwei Möhren-Halbmonden (Schwänze) verzieren. Auf jedes Bäckchen einen Tropfen Tomatensoße geben. Die Frühlingszwiebelringe als Luftblasen auf dem Teller verteilen.

Märchenhafter Fliegenpilz

Ein sommerliches Gartenfest erfordert eine ganze Menge Vorbereitung, daher ist es gut, wenn sich das Essen der Kinder einfach zubereiten lässt und dazu noch gesund ist. Diese Fliegenpilze sind hierfür bestens geeignet und die kleinen Hände werden mit Begeisterung das Grasbett aus Salat und die Käse-Punkte auflegen.

1 dicke, halbkreisförmige Scheibe von einer kleinen Wassermelone

1 kleine Gurke

1 Scheibe Käse

1 Handvoll Kresse

1 gekräuseltes Salatblatt, in Stücke gerissen

1 dunkle Traube, geviertelt

1 kleines Stückchen Petersilienstängel

Messer

Sehr kleine runde Ausstechform

Falls notwendig, die schwarzen Kerne der Wassermelone entfernen. Die Scheibe mit der gebogenen Seite nach oben auf einen Teller legen.

Von der Gurke die Enden abschneiden, dann die Gurke der Länge nach halbieren. Eine Gurkenhälfte mit der Schnittfläche nach unten als Stiel an die Wassermelone anlegen.

Mit dem Ausstecher sechs Kreise aus der Käsescheibe stanzen. Auf die Wassermelone legen und am Rand so zurechtschneiden, dass sich die Punkte an den Umriss der Wassermelone anpassen.

Ein wenig Kresse als Erdboden und den Salat als Gras unter den Pilz legen. Aus den vier Traubenvierteln einen Schmetterling basteln und den Körper mit dem Petersilienstängel andeuten.

Register

Smita Srivastava ist Grafikerin mit besonderer Leidenschaft für kindgerechtes Design. Nach der Ausbildung zur Werbegrafikerin war Smita bis zur Geburt ihrer Tochter für verschiedene Agenturen tätig. Heute arbeitet sie von ihrem Zuhause in Neu-Delhi aus, wo sie auch ihren ungemein beliebten Blog *Little Food Junction* betreibt.

William Reavell ist ein in London lebender Food-Fotograf, dessen Arbeiten in vielen Magazinen erscheinen, etwa in *Elle*, *Olive* und *Homes & Gardens*. Für Ryland Peters & Small lieferte er die Fotos für *The Gluten-free Baker* und *The Vegetarian Pantry*.

Bibliografische Information der Deutschen Nationalbibliothek:
Die Deutsche Nationalbibliothek verzeichnet diese Publikation in der Deutschen Nationalbibliografie; detaillierte bibliografische Daten sind im Internet über http://d-nb.de abrufbar.

Für Fragen und Anregungen:
info@rivaverlag.de

1. Auflage 2016

Übersetzung: Birgit Gläser
Redaktion: Eva Siegmund
Umschlaggestaltung: Kristin Hoffmann in Anlehnung an Ryland Peters & Small
Umschlagabbildungen und Abbildungen im Innenteil: William Reavell, Shutterstock/XONOVETS
Layout: Ryland Peters & Small
Satz: Daniel Förster
Druck: Dimograf Druckerei sp. z. o. o., Bielsko-Biala/Polen
Printed in the EU

ISBN Print: 978-3-86883-929-6